AF202564

Yasmina Reza

Kunst

Schauspiel

Aus dem Französischen
von Eugen Helmlé

Carl Hanser Verlag

Die französische Originalausgabe erschien 1994 unter dem Titel *Art*
bei Actes Sud in Arles; die deutsche Übersetzung entstand im Auftrag des
Theaterverlages Desch und erschien zuerst 1996 im Libelle Verlag in
Lengwil.
Die Uraufführung fand am 28.10.1994 in der Comédie des Champs-Élysées
in Paris statt; die deutsche Erstaufführung am 29.10.1995 in Berlin an der
Schaubühne am Lehniner Platz.
Die deutschsprachigen Aufführungsrechte liegen bei der Theateragentur
Rainer Witzenbacher, München.

2. Auflage 2023

ISBN 978-3-446-25887-7
Umschlag und Motiv: Peter-Andreas Hassiepen, München
Satz im Verlag
Druck und Bindung: Friedrich Pustet, Regensburg
Printed in Germany

MIX
Papier aus verantwor-
tungsvollen Quellen
FSC
www.fsc.org   FSC® C014889

Kunst

Personen:

MARC
SERGE
YVAN

*Das Wohnzimmer einer Wohnung. Ein einziges Bühnenbild. So
schlicht und neutral wie möglich. Die einzelnen Szenen spielen
nacheinander bei Serge, Yvan und Marc. Der Dekor bleibt unver-
ändert, außer dem ausgestellten Bild.*

Marc, allein.

MARC: Mein Freund Serge hat sich ein Bild gekauft. Ein Ölgemälde von etwa ein Meter sechzig auf ein Meter zwanzig, ganz in Weiß. Der Untergrund ist weiß, und wenn
man die Augen zusammenkneift, kann man feine weiße
Querstreifen erkennen.
Mein Freund Serge ist ein langjähriger Freund. Er ist jemand, der Erfolg gehabt hat, er ist Dermatologe, und er
liebt die Kunst. Am Montag bin ich bei ihm gewesen, um
mir das Bild anzuschauen, das Serge am Samstag gekauft
hat, mit dem er aber schon seit Monaten liebäugelte.
Ein weißes Bild, mit weißen Streifen.

* * *

Bei Serge.

Auf dem Boden steht ein weißes Ölgemälde mit feinen weißen Querstreifen. Serge betrachtet vergnügt sein Bild. Marc betrachtet das Bild. Serge betrachtet Marc, der das Bild betrachtet. Eine lange Zeit, in der alle Gefühle wortlos zum Ausdruck kommen.

MARC: Teuer?

SERGE: Zweihunderttausend.

MARC: Zweihunderttausend? …

SERGE: Handtington nimmt es für zweihundertzwanzig zurück.

MARC: Wer ist das?

SERGE: Handtington?!

MARC: Kenn ich nicht.

SERGE: Handtington! Die Galerie Handtington!

MARC: Die Galerie Handtington nimmt es für zweihundertzwanzig zurück?

SERGE: Nein, nicht die Galerie. Er. Handtington selbst. Für sich.

MARC: Und warum hat Handtington es nicht gleich gekauft?

SERGE: Weil die Kunsthändler daran interessiert sind, an Privatleute zu verkaufen. Der Markt muss in Bewegung bleiben.

MARC: Jaaa …

SERGE: Na?

MARC: …

SERGE: Du stehst dort nicht richtig. Betrachte es von hier aus. Siehst du die Linien?

MARC: Wie heißt der …?

SERGE: Maler? Antrios.

MARC: Bekannt?

SERGE: Sehr. Sehr!

Pause.

MARC: Serge, du hast doch für dieses Bild keine zweihunderttausend Franc bezahlt?

SERGE: Aber Junge, das ist der Preis. Es ist ein ANTRIOS!

MARC: Du hast keine zweihunderttausend Franc für dieses Bild bezahlt!

SERGE: Ich war sicher, dass du nicht begreifen würdest.

MARC: Hast du für diese Scheiße wirklich zweihunderttausend Franc bezahlt?!

* * *

Serge, allein.

SERGE: Mein Freund Marc, ein intelligenter Junge, den ich seit langem schätze, gute Position, Ingenieur in der Aeronautik, gehört zu diesen neuen Intellektuellen, die sich nicht allein damit begnügen, Feinde der Moderne zu sein, sondern die sich unbegreiflicherweise auch noch etwas darauf einbilden. Man findet bei den Anhängern der guten alten Zeit seit kurzem eine wirklich verblüffende Arroganz.

* * *

Dieselben. Selber Ort. Selbes Bild.

SERGE: *(nach einiger Zeit)* Wie kannst du sagen »diese Scheiße«?

MARC: Serge, ein wenig Humor! Lach! … Lach schon, alter Junge, ich finde es einfach großartig, dass du dieses Bild gekauft hast!

Marc lacht. Serge steht da wie versteinert.

SERGE: Dass du diesen Kauf großartig findest, wunderbar, dass du darüber lachen musst, schön, aber ich möchte wissen, was du mit »diese Scheiße« meinst.

MARC: Du machst dich wohl über mich lustig!

SERGE: Keineswegs. »Diese Scheiße« verglichen womit? Wenn man sagt, dies oder jenes ist eine Scheiße, muss man doch einen Wertmaßstab haben, um darüber urteilen zu können.

MARC: Mit wem sprichst du? Mit wem sprichst du im Augenblick? Huhu! …

SERGE: Du interessierst dich nicht für die zeitgenössische Malerei, du hast dich nie dafür interessiert. Du hast nicht die geringste Kenntnis auf diesem Gebiet, wie kannst du also behaupten, ein bestimmter Gegenstand, der Gesetzen gehorcht, von denen du nichts weißt, sei eine Scheiße?

MARC: … Es ist eine Scheiße. Entschuldige bitte.

* * *

Serge, allein.

SERGE: Er mag dieses Bild nicht.

   Schön … Keine Zärtlichkeit in seinem Verhalten.

   Kein Bemühen.

   Keine Zärtlichkeit in seiner Art zu verurteilen.

   Ein selbstgefälliges, perfides Lachen.

   Ein Lachen, das alles besser weiß als alle andern.

   Ich hasse dieses Lachen.

   * * *

Marc, allein.

MARC: Dass Serge dieses Bild gekauft hat, will mir einfach nicht in den Kopf, es beunruhigt mich und löst unbestimmte Ängste in mir aus.

Als ich seine Wohnung verließ, musste ich sofort drei Gelsemium-Pastillen lutschen, die Paula mir empfohlen hat – hat sie eigentlich Gelsemium oder Ignatia gesagt? Möchtest du lieber Gelsemium oder Ignatia? Was weiß ich?! –, denn ich kann absolut nicht verstehen, wie Serge, der mein Freund ist, dieses Bild kaufen konnte.

Zweihunderttausend Franc!

Er ist zwar wohlhabend, aber er schwimmt nicht im Geld. Wohlhabend, mehr aber nicht, wohlhabend eben. Kauft sich für zwanzig Riesen ein weißes Bild.

Das muss ich unserem gemeinsamen Freund Yvan erzählen, ich muss mit Yvan darüber reden. Obwohl Yvan ja ein toleranter Mensch ist, auf dem Gebiet der zwischenmenschlichen Beziehungen der schlimmste Fehler.

Yvan ist tolerant, weil ihm alles wurscht ist.

Wenn Yvan duldet, dass Serge sich für zwanzig Riesen eine weiße Scheiße hat kaufen können, dann heißt das, dass Serge ihm wurscht ist.

Das ist klar.

* * *

Bei Yvan.

*An der Wand ein Schinken. Man sieht Yvan von hinten auf allen
Vieren. Er scheint unter einem Möbelstück etwas zu suchen. Während des Suchens dreht er sich um und stellt sich vor.*

YVAN: Ich heiße Yvan. Ich bin etwas angespannt, denn ich
habe gerade eine Stelle als Vertreter in einer Papiergroßhandlung gefunden, nachdem ich mein ganzes Leben
lang in der Textilbranche war.

Ich bin ein sympathischer Kerl. Mein Berufsleben ist immer ein Fehlschlag gewesen, und in vierzehn Tagen werde ich mich mit einem netten, reizenden Mädchen aus
guter Familie verheiraten.

Marc kommt herein. Man sieht Yvan wieder von hinten, wie er etwas sucht.

MARC: Was machst du da?

YVAN: Ich suche die Kappe meines Filzstifts.

Kurze Pause.

MARC: Gut, das reicht.

YVAN: Ich hatte sie noch vor fünf Minuten.

MARC: Das ist nicht weiter schlimm.

YVAN: Doch.

*Marc bückt sich, um ihm beim Suchen zu helfen. Eine Zeit lang
suchen sie beide. Marc richtet sich auf.*

MARC: Hör auf. Kauf dir einen andern.

YVAN: Es sind ganz besondere Filzstifte, du kannst damit auf
allem schreiben … Das macht mich nervös. Wenn du
wüsstest, wie mich die Gegenstände aufregen. Ich habe

diese Kappe noch vor fünf Minuten in der Hand gehabt.

MARC: Werdet ihr hier wohnen?

YVAN: Findest du's gut für ein junges Ehepaar?

MARC: Junges Ehepaar! Haha!

YVAN: Vermeide dieses Lachen in Catherines Beisein.

MARC: Die Papierhandlung?

YVAN: Gut. Ich lerne.

MARC: Du hast abgenommen.

YVAN: Etwas. Es stinkt mir, dass ich diese Kappe nicht gefunden habe, der Stift wird jetzt austrocknen. Setz dich.

MARC: Wenn du weiter nach dieser Kappe suchst, gehe ich.

YVAN: O. k., ich hör auf. Willst du was trinken?

MARC: Ein Perrier, wenn du hast.

Hast du Serge in den letzten Tagen gesehen?

YVAN: Nicht gesehen. Und du?

MARC: Gestern gesehen.

YVAN: In Form?

MARC: Sehr.

Er hat sich gerade ein Bild gekauft.

YVAN: Ach was?

MARC: Mmm.

YVAN: Schön?

MARC: Weiß.

YVAN: Weiß?

MARC: Weiß.

Stell dir ein Ölgemälde von etwa ein Meter sechzig auf ein Meter zwanzig vor … Weißer Untergrund … ganz weiß … in der Diagonale ganze feine, weiße Querstreifen … verstehst du … und als Ergänzung vielleicht eine horizontale Linie, nach unten …

YVAN: Wie kannst du sie sehen?

MARC: Wie bitte?

YVAN: Die weißen Linien. Wie kannst du die Linien sehen, wenn der Untergrund weiß ist?

MARC: Weil ich sie eben sehe. Weil die Linien meinetwegen leicht grau sind, oder umgekehrt, kurzum, es gibt Nuancen im Weiß! Das Weiß ist mehr oder weniger weiß!

YVAN: Reg dich doch nicht auf. Warum regst du dich auf?

MARC: Weil du an allem was auszusetzen hast. Du lässt mich nicht zu Ende erzählen.

YVAN: Gut. Und?

MARC: Gut. Du siehst das Bild also vor dir.

YVAN: Ich sehe es.

MARC: Nun rate mal, was Serge dafür bezahlt hat?

YVAN: Wer ist der Maler?

MARC: Antrios. Kennst du ihn?

YVAN: Nein. Hoch notiert?

MARC: Ich war sicher, dass du diese Frage stellen würdest!

YVAN: Logisch …

MARC: Nein, das ist gar nicht logisch …

YVAN: Ist wohl logisch, du bittest mich, den Preis zu raten, dabei weißt du genau, dass sich der Preis immer nach dem Kurs des Malers richtet …

MARC: Ich verlange von dir nicht, das Bild nach diesem oder jenem Kriterium zu bewerten, ich verlange auch keine professionelle Bewertung von dir, ich frage dich nur, was du, Yvan, für dieses Bild, das mit ein paar durchbrochenen weißen Querstreifen verziert ist, bezahlen würdest.

YVAN: Keinen Centime.

MARC: Gut. Und Serge? Nenn eine Zahl, aufs Geratewohl.

YVAN: Zehntausend.

MARC: Ah! Ah!

YVAN: Fünfzigtausend.

MARC: Ah! Ah!

YVAN: Hunderttausend …

MARC: Mach weiter …

YVAN: Fünfzehn? … Zwanzig?! …

MARC: Zwanzig. Zwanzig Riesen.

YVAN: Nein?!

MARC: Doch.

YVAN: Zwanzig Riesen??!

MARC: Zwanzig Riesen.

YVAN: … Der ist bescheuert! …

MARC: Nicht wahr?

Kurze Pause.

YVAN: Obwohl …

MARC: Was, obwohl …

YVAN: Wenn es ihm Spaß macht … Er verdient ja genug …

MARC: So also siehst du die Dinge.

YVAN: Warum? Wie siehst du sie?

MARC: Siehst du denn nicht, was an der Sache so bedenklich ist?

YVAN: Hm … Nein …

MARC: Merkwürdig, dass du das Wesentliche bei dieser Geschichte nicht siehst. Du bemerkst nur das Äußerliche.
Du siehst nicht, was daran bedenklich ist.

YVAN: Und was ist bedenklich?

MARC: Siehst du denn nicht, was darin zum Ausdruck
kommt?

YVAN: ... Willst du Cashewnüsse?

MARC: Siehst du denn nicht, dass Serge sich plötzlich, auf die
groteskeste Weise, für einen *Sammler* hält?

YVAN: Hm, hm ...

MARC: Von jetzt an gehört unser Freund Serge zum Gotha
der großen Kunstliebhaber.

YVAN: Aber nein! ...

MARC: Natürlich nicht. Zu diesem Preis gehört man zu gar
nichts, Yvan. Aber er glaubt es.

YVAN: Ach ja ...

MARC: Stört dich das nicht?

YVAN: Nein. Wenn es ihm Spaß macht.

MARC: Was soll das heißen, wenn es ihm Spaß macht?
Was soll diese Philosophie des *Wenn-es-ihm-Spaß-macht?!*

YVAN: Solange es niemand anderem schadet ...

MARC: Aber es schadet anderen! Ich bin in meiner Ruhe gestört, Mann, ich bin in meiner Ruhe gestört und bin sogar
verletzt, doch, doch, wenn ich sehe, wie Serge, den ich
mag, sich aus Snobismus einseifen lässt und kein Jota Un-
terscheidungsvermögen mehr besitzt.

YVAN: Du scheinst das erst jetzt zu bemerken. Er hat sich
schon immer auf geradezu lächerliche Weise in den Ge-

mäldegalerien herumgetrieben, er ist immer ein Ausstellungsfex gewesen …

MARC: Er ist immer ein Ausstellungsfex gewesen, aber einer, mit dem man lachen konnte. Denn siehst du, was mich im Grunde wirklich verletzt, ist, dass man nicht mehr mit ihm lachen kann.

YVAN: Aber doch!

MARC: Nein!

YVAN: Hast du es versucht?

MARC: Natürlich. Ich habe gelacht. Von ganzem Herzen. Was sollte ich auch tun? Er hat die Zähne nicht auseinander gebracht. Na ja, zwanzig Riesen, ist auch etwas teuer, um noch lachen zu können.

YVAN: Ja.

Sie lachen.

YVAN: Bei mir lacht er mit.

MARC: Das würde mich wundern. Gib noch mir ein paar Nüsse.

YVAN: Er lacht mit, du wirst sehen.

* * *

Bei Serge.

Serge ist mit Yvan zusammen. Man sieht das Bild nicht.

SERGE: ... und das Verhältnis zu den Schwiegereltern, gut?

YVAN: Ausgezeichnet. Sie sagen sich, bisher ist der Junge immer von einer unsicheren Stelle in die andere gestolpert, jetzt wird er sich mal im Papierhandel versuchen ... Ich habe da was auf der Hand, was ist das? ... *(Serge betastet sie.)* ... Ist es schlimm?

SERGE: Nein.

YVAN: Umso besser. Was gibt's Neues? ...

SERGE: Nichts. Viel Arbeit. Erschöpft.

Ich bin froh, dich zu sehen. Du rufst ja nie an.

YVAN: Ich hab Angst, ich könnte dich stören.

SERGE: Du machst wohl Witze. Sag der Sekretärin deinen Namen, und ich rufe dich sofort zurück.

YVAN: Du hast recht.

Immer mönchischer bei dir ...

SERGE: *(Er lacht.)* Ja! ... Hast du Marc in letzter Zeit gesehen?

YVAN: Nein, nicht in letzter Zeit.

Hast du ihn gesehen?

SERGE: Vor zwei, drei Tagen.

YVAN: Geht es ihm gut?

SERGE: Ja. Das ist aber auch alles.

YVAN: Ach so?!

SERGE: Ja, doch, es geht ihm gut.

YVAN: Ich hatte ihn vor einer Woche am Telefon, es schien ihm gut zu gehen.

SERGE: Ja, ja, es geht ihm gut.

YVAN: Du schienst aber sagen zu wollen, dass es ihm nicht sehr gut geht.

SERGE: Keineswegs, ich hab dir gesagt, dass es ihm gut geht.

YVAN: Du hast gesagt, das ist aber auch alles.

SERGE: Ja, das ist aber auch alles. Doch, es geht ihm gut.

Lange Pause.

Yvan läuft im Zimmer umher.

YVAN: Bist du ein wenig rausgekommen? Hast du viel gesehen?

SERGE: Nichts. Ich kann es mir nicht mehr leisten auszugehen.

YVAN: Ach so?

SERGE: Ich bin ruiniert.

YVAN: Ach so?

SERGE: Willst du mal was Seltenes sehen? Willst du?

YVAN: Und wie! Zeig schon!

Serge geht hinaus und kommt mit dem Antrios zurück, den er umdreht und vor Yvan stellt.

Yvan betrachtet das Bild, und seltsamerweise gelingt es ihm nicht, herzlich zu lachen, wie er es vorgehabt hatte.

Nach einer langen Zeit, in der Yvan das Bild betrachtet und Serge Yvan beobachtet:

YVAN: Ah ja. Ja, ja.

SERGE: Antrios.

YVAN: Ja, ja.

SERGE: Antrios aus den Siebzigerjahren. Aufgepasst. Er hat heute eine ähnliche Periode, aber das hier ist eins aus den Siebzigerjahren.

YVAN: Ja, ja.

    Teuer?

SERGE: Rein theoretisch, ja. In Wirklichkeit, nein. Gefällt es dir?

YVAN: Oh ja, ja, ja.

SERGE: Sinnfällig.

YVAN: Sinnfällig, ja … Ja … Und zugleich …

SERGE: Magnetisch.

YVAN: Mmm … Ja …

SERGE: Und hier, hast du da keine Vibration?

YVAN: … Ein bisschen schon …

SERGE: Nein, nein. Du müsstest mittags kommen. Die Vibration der Monochromie, die überkommt einen nicht bei künstlichem Licht.

YVAN: Hm, hm.

SERGE: Obwohl wir es hier nicht einmal mit Monochromie zu tun haben!

YVAN: Nein! …

    Wie viel?

SERGE: Zweihunderttausend.

YVAN: … Ach ja.

SERGE: Ach ja.

Schweigen. Plötzlich bricht Serge in Gelächter aus, dem sich Yvan sogleich anschließt. Beide lachen sehr herzlich.

SERGE: Bescheuert, wie?

YVAN: Bescheuert!

SERGE: Zwanzig Riesen!

Sie lachen sehr herzlich. Sie hören auf. Sehen sich an. Fangen

wieder an zu lachen. Hören dann auf. Nachdem sie sich beruhigt
haben:

SERGE: Weißt du, dass Marc das Bild gesehen hat?

YVAN: Ach ja?

SERGE: Völlig am Boden zerstört.

YVAN: Ach ja?

SERGE: Er hat gesagt, es sei eine Scheiße. Ein völlig unzutreffendes Wort.

YVAN: Das stimmt.

SERGE: Man kann nicht sagen, dass es eine Scheiße ist.

YVAN: Nein.

SERGE: Man kann sagen, versteh ich nicht, begreif ich nicht, man kann aber nicht sagen: das ist eine Scheiße.

YVAN: Du hast doch gesehen, wie es bei ihm aussieht.

SERGE: Das ist nicht der Punkt.

Auch bei dir ist es … na ja, ich meine, dir ist es wurscht.

YVAN: Er ist halt sehr konventionell, er ist ein konventioneller Mensch, wie soll er also …

SERGE: Er fing an, ganz hämisch zu lachen … Ohne eine Andeutung von Charme … Ohne eine Andeutung von Humor.

YVAN: Dass Marc impulsiv ist, weißt du doch nicht erst seit heute …

SERGE: Er hat keinen Humor. Mit dir kann ich lachen. Bei ihm bleibe ich eiskalt.

YVAN: Er ist im Augenblick etwas finster, das stimmt.

SERGE: Ich werfe ihm ja nicht vor, dass er für diese Malerei keine Antenne hat, dazu fehlt ihm eben die Bildung, er hat das nicht gelernt, weil er es nie lernen wollte oder weil er keine besondere Neigung dazu hatte, wie auch immer, nein, was ich ihm vorwerfe, ist der Ton, ist seine Selbstgefälligkeit, sein mangelnder Takt. Ich werfe ihm seine Rücksichtslosigkeit vor. Ich werfe ihm nicht vor, dass er sich nicht für die zeitgenössische Malerei interessiert, das ist mir wurscht, ich mag ihn auch so …

YVAN: Er dich auch! …

SERGE: Nein, nein und nochmals nein, ich habe neulich bei ihm so eine Art … eine Art Herablassung gespürt … eine Art bissigen Spott …

YVAN: Aber nein!

SERGE: Aber ja! Versuch doch nicht immer, die Dinge zu nivellieren, die Gegensätze zu überbrücken. Hör auf, den großen Versöhner der menschlichen Gattung zu spielen! Sieh ein, dass Marc am Absterben ist. Denn Marc stirbt ab.

Schweigen.

* * *

Bei Marc.

*An der Wand ein figuratives Bild, das eine durch ein Fenster gese-
hene Landschaft darstellt.*

YVAN: Wir haben gelacht.

MARC: Du hast gelacht?

YVAN: Wir haben gelacht. Beide. Wir haben gelacht. Ich
schwöre dir beim Leben Catherines, wir haben beide zusammen gelacht.

MARC: Du hast zu ihm gesagt, es ist eine Scheiße, und ihr
habt gelacht.

YVAN: Nein, ich habe nicht zu ihm gesagt, es ist eine Scheiße,
wir haben spontan gelacht.

MARC: Du bist gekommen, du hast das Bild gesehen und du
hast gelacht. Und er hat ebenfalls gelacht.

YVAN: Ja. Wenn du so willst. Nach zwei oder drei Worten hat
es sich so zugetragen.

MARC: Und er hat von Herzen gelacht.

YVAN: Von ganzem Herzen.

MARC: Na, siehst du, ich habe mich geirrt. Umso besser. Du
beruhigst mich, wirklich.

YVAN: Es kommt sogar noch besser. Es war nämlich Serge,
der zuerst gelacht hat …

MARC: Serge hat zuerst gelacht …

YVAN: Ja …

MARC: Er hat gelacht, und du hast nach ihm gelacht.

YVAN: Ja.

MARC: Aber, warum hat er denn gelacht?

YVAN: Er hat gelacht, weil er gespürt hat, dass ich lachen werde. Er hat gelacht, um mir über die Verlegenheit hinwegzuhelfen, wenn du so willst.

MARC: Das zählt nicht, wenn er zuerst gelacht hat.

Wenn er zuerst gelacht hat, dann war das nur, um dein Lachen zu entschärfen.

Das bedeutet keineswegs, dass er von Herzen gelacht hat.

YVAN: Er hat von Herzen gelacht.

MARC: Er hat von Herzen gelacht, aber nicht aus dem richtigen Grund.

YVAN: Was ist denn das wieder, der richtige Grund? Ich habe eine Erinnerungslücke.

MARC: Er hat nicht über die Lächerlichkeit seines Bildes gelacht, das heißt, ihr beide, du und er, habt nicht aus demselben Grund gelacht, du hast über das Bild gelacht, er hat gelacht, um dir zu gefallen, um sich auf dich einzustellen, um dir zu zeigen, dass er nicht nur ein Ästhet ist, der so viel in ein Bild investieren kann, wie du nicht einmal in einem Jahr verdienst, sondern dass er dein alter, ikonoklastischer Kumpel bleibt, mit dem man seinen Spaß hat.

YVAN: Hm, hm … *(kurzes Schweigen)* Weißt du …?

MARC: Ja …

YVAN: Du wirst lachen …

MARC: Ja …

YVAN: Ich habe dieses Bild zwar nicht gemocht … ich habe es aber auch nicht abgelehnt.

MARC: Natürlich nicht. Das Unsichtbare kann man nicht ablehnen, das Nichts lehnt man nicht ab.

YVAN: Nein, nein, da ist etwas …

MARC: Was ist da?

YVAN: Da ist etwas. Es ist keineswegs nichts.

MARC: Machst du Witze?

YVAN: Ich bin nicht so streng wie du. Es ist ein Kunstwerk, hinter dem ein Gedanke steckt.

MARC: Ein Gedanke!

YVAN: Ein Gedanke.

MARC: Und was für ein Gedanke?

YVAN: Es ist die Vollendung eines Weges …

MARC: Ah! Ah! Ah!

YVAN: Es ist kein Bild, das aufs Geratewohl gemacht ist, es ist ein Kunstwerk innerhalb eines festgelegten Weges …

MARC: Ah! Ah! Ah!

YVAN: Lach nur. Lach.

MARC: Du plapperst jeden Blödsinn von Serge nach! Bei ihm ist es beklagenswert, aber bei dir ist es nur komisch!

YVAN: Weißt du, Marc, du solltest dich vor deiner Selbstgefälligkeit in Acht nehmen. Du wirst verbittert und unsympathisch.

MARC: Umso besser. Je älter ich werde, umso mehr möchte ich missfallen.

YVAN: Bravo.

MARC: Ein Gedanke!

YVAN: Mit dir kann man nicht reden.

MARC: Ein Gedanke hinter so was! … Was du siehst, ist zwar eine Scheiße, doch sei unbesorgt, sei unbesorgt, es steckt ein Gedanke dahinter! … Glaubst du, hinter dieser Landschaft steckt ein Gedanke? … *(Er zeigt auf das Bild, das an der Wand hängt.)* … Nein, wie? Zu stimmungsvoll. Allzu deutlich. Auf dem Bild wird alles gezeigt! Dahinter kann kein Gedanke stecken! …

YVAN: Du amüsierst dich, das ist gut …

MARC: Yvan, sprich in deinem Namen. Sag mir die Dinge, wie du sie empfindest, und nur du.

YVAN: Ich verspüre eine Vibration.

MARC: Du verspürst eine Vibration? …

YVAN: Du streitest ab, dass ich dieses Bild in meinem Namen mögen kann?

MARC: Natürlich.

YVAN: Und warum?

MARC: Weil ich dich kenne. Weil du, abgesehen von deinem Grundfehler, nämlich der Nachsicht, ein gesunder Mensch bist.

YVAN: Was man von dir allerdings nicht sagen kann.

MARC: Yvan, schau mir in die Augen!

YVAN: Ich schaue dich an.

MARC: Hat dich Serges Bild aufgewühlt?

YVAN: Nein.

MARC: Antworte mir. Du heiratest morgen Catherine und bekommst dieses Bild als Hochzeitsgeschenk. Freust du dich darüber? …

Freust du dich darüber? …

* * *

Yvan, allein.

YVAN: Natürlich freue ich mich nicht darüber.

Ich freue mich nicht darüber, aber nur so, ganz allgemein, ich bin eben niemand, der sagen kann, ich freue mich.

Ich suche … ich suche ein Ereignis, von dem ich sagen könnte, darüber freue ich mich … Freust du dich, dass du heiratest, hat mich meine Mutter eines Tages unvermittelt gefragt. Freust du dich wenigstens, dass du heiratest? … Gewiss, Mama, gewiss … Wieso gewiss? Entweder man freut sich, oder man freut sich nicht, was heißt da gewiss? …

* * *

Serge, allein.

SERGE: Für mich ist es nicht weiß.

Wenn ich sage, für mich, dann meine ich, objektiv.

Objektiv gesehen ist es nicht weiß.

Es hat einen weißen Untergrund, und dazu eine ganze Farbskala von Grautönen …

Sogar Rot ist drin.

Man kann sagen, dass es sehr blass ist.

Wäre es weiß, würde es mir nicht gefallen.

Marc sieht es weiß … Das ist seine Beschränkung …

Marc sieht es weiß, weil er in die Vorstellung verrannt ist, es sei weiß.

Yvan nicht. Yvan sieht, dass es nicht weiß ist.

Marc mag denken, was er will, er kann mich am Arsch lecken.

* * *

Marc, allein.

MARC: Ich hätte Ignatia nehmen sollen, das steht fest.

Warum muss ich nur so kategorisch sein?

Was kann es mir schon ausmachen, dass sich Serge von der zeitgenössischen Kunst zum Besten halten lässt? …

Doch, es ist schlimm. Aber ich hätte es ihm anders sagen können.

Hätte einen konzilianteren Ton finden können.

Wenn ich es schon physisch nicht ertrage, dass mein bester Freund sich ein weißes Bild kauft, muss ich wenigstens vermeiden, ihn anzugreifen.

Ich muss ganz freundlich mit ihm reden.

In Zukunft werde ich ihm die Dinge freundlich sagen …

* * *

Bei Serge.

SERGE: Bist du darauf eingestellt zu lachen?

MARC: Sag schon.

SERGE: Yvan hat den Antrios gemocht.

MARC: Wo ist er?

SERGE: Yvan?

MARC: Der Antrios.

SERGE: Willst du ihn noch einmal sehen?

MARC: Zeig ihn!

SERGE: Ich wusste, dass du auf ihn zukommen würdest! …

Er geht weg und kommt mit dem Bild zurück.

Schweigende Betrachtung.

SERGE: Yvan war gefesselt. Sofort.

MARC: Hm, hm …

SERGE: Gut, hör zu, wir werden uns nicht länger über dieses Werk verbreiten, das Leben ist kurz … Hast du das mal gelesen? *(Er nimmt »Vom glücklichen Leben« von Seneca und wirft es auf den niedrigen Tisch, direkt vor Marc.)* Lies es, ein Meisterwerk.

Marc nimmt das Buch, schlägt es auf und blättert darin.

SERGE: Äußerst modern. Lies das, und du brauchst sonst nichts mehr zu lesen. Zwischen meiner Praxis und dem Krankenhaus, zumal Françoise verfügt hat, dass ich an jedem Wochenende die Kinder sehen muss – das Neuste von Françoise, die Kinder brauchen ihren Vater –, habe ich keine Zeit mehr zum Lesen. Ich bin gezwungen, mich auf das Wesentliche zu beschränken.

MARC: … Wie in der Malerei … Wo du ja vorteilhafterweise Form und Farbe ausgemerzt hast. Diese beiden Schlacken.

SERGE: Ja … Dabei vermag ich durchaus auch ein figurativeres Bild zu schätzen. Zum Beispiel deinen Hypo-Flamen. Sehr angenehm.

MARC: Was ist denn an diesem Bild flämisch? Es ist eine Ansicht von Carcassonne.

SERGE: Ja, aber schließlich … es hat so etwas Flämisches … das Fenster, die Aussicht, das … was auch immer, es ist sehr hübsch.

MARC: Ach, weißt du, es ist nichts wert.

SERGE: Das ist doch wurscht! … Übrigens, Gott allein weiß, wie viel der Antrios eines Tages wert sein wird! …

MARC: … Weißt du, ich habe nachgedacht. Ich habe nachgedacht und meine Meinung geändert. Als ich neulich im Auto durch Paris fuhr, habe ich an dich gedacht und mir gesagt: Steckt in dem, was Serge getan hat, im Grunde nicht echte Poesie? … Ist die Tatsache, dass er sich zu diesem unvernünftigen Kauf hinreißen ließ, nicht eine höchst poetische Handlung?

SERGE: Wie sanft du heute bist! Ich erkenne dich gar nicht wieder. Du hast so einen sanften, subalternen Ton drauf, der, nebenbei bemerkt, gar nicht zu dir passt.

MARC: Nein, nein, glaub mir, ich leiste ehrlich Abbitte.

SERGE: Abbitte weswegen?

MARC: Ich bin zu empfindlich, ich bin zu nervös, ich sehe die Dinge zu vordergründig … Mir fehlt einfach die Gelassenheit, wenn du so willst.

SERGE: Lies Seneca.

MARC: Ach. Siehst du, jetzt sagst du zum Beispiel »Lies Seneca!« zu mir, und das könnte mich zur Raserei bringen. Ich wäre imstande auszuflippen, ganz einfach, weil du im Verlaufe dieses Gesprächs zu mir sagst: »Lies Seneca!« Das ist doch absurd!

SERGE: Nein. Nein, das ist nicht absurd.

MARC: Ach nein?

SERGE: Nein, weil du festzustellen glaubst …

MARC: Ich habe nicht gesagt, dass ich ausflippe …

SERGE: Du hast gesagt, du könntest …

MARC: Ja, ja, ich könnte …

SERGE: Du könntest ausflippen, und ich verstehe das. Weil du glaubst, in diesem »Lies Seneca« etwas Selbstgefälliges entdecken zu können. Du sagst zu mir, dass dir die Gelassenheit fehlt, und ich antworte dir: »Lies Seneca.« Das ist gemein!

MARC: Nicht wahr!

SERGE: Abgesehen davon stimmt es wirklich, dass dir die Gelassenheit fehlt, denn ich habe nicht gesagt: »Lies Seneca!«, sondern »lies Seneca«.

MARC: Das ist richtig. Das ist richtig.

SERGE: Im Grunde fehlt es dir ganz schlicht an Humor.

MARC: Bestimmt.

SERGE: Du hast keinen Humor, Marc. Du hast wirklich keinen Humor, alter Junge. Yvan war darin einer Meinung mit mir, neulich, du hast keinen Humor. Was treibt der eigentlich? Der kann einfach nicht pünktlich sein, es ist nicht zum Aushalten! Wir werden die Vorstellung verpassen!

MARC: ... Yvan findet, dass ich keinen Humor habe? ...

SERGE: Yvan meint wie ich, dass es dir in letzter Zeit ein wenig an Humor fehlt.

MARC: Als ihr euch das letzte Mal gesehen habt, hat Yvan zu dir gesagt, dass er dein Bild sehr mag und dass es mir an Humor fehlt ...

SERGE: Ach ja, ja, schon, das Bild, sehr, wirklich. Und ganz ehrlich ... Was isst du denn da?

MARC: Ignatia.

SERGE: Glaubst du jetzt an die Homöopathie?

MARC: Ich glaube an nichts.

SERGE: Findest du nicht, dass Yvan sehr abgenommen hat?

MARC: Sie auch.

SERGE: Diese Hochzeit nimmt sie beide ganz schön mit.

MARC: Ja.

Sie lachen.

SERGE: Paula geht's gut?

MARC: Danke. *(zeigt auf den Antrios)* Wo willst du es hinhängen?

SERGE: Noch nicht entschieden. Dort. Dort? ... Zu auffällig.

MARC: Wirst du es rahmen lassen?

SERGE: *(lacht freundlich)* Nein! ... Nein, nein ...

MARC: Warum nicht?

SERGE: Das wird nicht gerahmt.

MARC: Ach nein?

SERGE: Wille des Künstlers. Es soll nicht begrenzt werden. Es hat eine Einfassung … *(Er macht Marc ein Zeichen, sich den Rand anzusehen.)* Komm mal her … Siehst du? …

MARC: Ist das Heftpflaster?

SERGE: Nein, es ist eine Art Packpapier … Vom Künstler hergestellt.

MARC: Amüsant, dass du der Künstler sagst.

SERGE: Wie soll ich sonst sagen?

MARC: Du sagst der Künstler, du könntest auch der Maler sagen … oder … wie heißt er noch … Antrios …

SERGE: Ja …?

MARC: Du sagst der Künstler wie eine Art von … na ja, ist auch unwichtig. Was sehen wir uns an? Versuchen wir wenigstens einmal, uns etwas anzusehen, das Substanz hat.

SERGE: Es ist acht Uhr. Wir haben alle Vorstellungen verpasst. Es ist einfach nicht zu fassen, dass dieser Bursche – er hat nichts zu tun, das musst du doch zugeben – ständig zu spät kommt! Was treibt er nur?

MARC: Gehen wir essen!

SERGE: Ja – fünf nach acht. Wir hatten uns zwischen sieben und halb acht verabredet … Was wolltest du sagen? Ich sage der Künstler wie was?

MARC: Nichts. Ich wollte gerade eine Dummheit sagen.

SERGE: Nein, nein, sag schon!

MARC: Du sagst *der Künstler* wie eine … wie eine unantastbare Entität. Der Künstler … Eine Art Gottheit …

SERGE: *(Er lacht.)* Aber für mich ist er eine Gottheit! Du glaubst doch wohl nicht, dass ich diese Summe für einen gewöhnlichen Sterblichen hingeblättert hätte! …

MARC: Natürlich nicht.

SERGE: Am Montag bin ich im Museum Beaubourg gewesen. Weißt du, wie viele Antriose im Beaubourg hängen? … Vier! Vier Antriose! … Im Beaubourg!

MARC: Toll.

SERGE: Und meiner ist mindestens genauso schön! … Hör zu, ich mach dir einen Vorschlag, wenn Yvan nicht in genau drei Minuten da ist, ziehen wir Leine. Ich habe ein ausgezeichnetes Lyoneser Restaurant entdeckt.

MARC: Warum bist du so gereizt?

SERGE: Ich bin nicht gereizt.

MARC: Doch, du bist gereizt.

SERGE: Ich bin nicht gereizt, das heißt, doch, ich bin gereizt, weil diese Laxheit einfach nicht hinnehmbar ist, diese Unfähigkeit, sich zu etwas zu zwingen.

MARC: In Wirklichkeit gehe ich dir auf die Nerven, und du rächst dich an dem armen Yvan.

SERGE: Der arme Yvan, du machst dich wohl über mich lustig! Du gehst mir nicht auf die Nerven, warum solltest du mir auf die Nerven gehen?

* * *

Serge, allein.

SERGE: Er geht mir auf die Nerven. Das stimmt.

Er geht mir auf die Nerven.

Er hat so einen süßlichen Ton. Dazu ein leichtes, verständnisvolles Lächeln hinter jedem Wort.

Man hat den Eindruck, er bemüht sich, liebenswürdig zu bleiben.

Bleib nicht liebenswürdig, Freundchen! Bleib nicht liebenswürdig. Ja nicht!

Sollte es der Kauf des Antrios sein? ... Der Kauf des Antrios, der diese Befangenheit zwischen uns ausgelöst hat? ...

Ein Kauf ... der nicht seine Zustimmung gefunden hat? ...

Aber seine Zustimmung ist mir wurscht! Mir ist deine Zustimmung wurscht, Marc! ...

* * *

Marc, allein.

MARC: Sollte es der Antrios sein, der Kauf des Antrios? …
Nein –
Das Übel hat tiefere Ursachen …
Es begann genau an dem Tag, an dem du, völlig humor-
los, im Zusammenhang mit einem Kunstgegenstand das
Wort *Dekonstruktion* benutzt hast.
Es ist nicht so sehr der Terminus Dekonstruktion, der
mich aus der Fassung gebracht hat, als vielmehr der Ernst,
mit dem du ihn ausgesprochen hast. Du hast allen Erns-
tes, ohne Distanz, ohne eine Andeutung von Ironie, das
Wort *Dekonstruktion* benutzt, du, mein Freund.
Da ich nicht wusste, wie ich mit dieser Situation umge-
hen soll, habe ich dir entgegengeschleudert, dass ich zum
Menschenfeind werde, und du hast mir geantwortet, aber
wer bist du schon? Von welcher Warte aus sprichst du? …
Von welcher Warte aus bist du in der Lage, dich von den
andern auszuschließen, abzugrenzen, hat mir Serge auf
geradezu unerträgliche Weise entgegnet. Was ich von ihm
am wenigsten erwartet hätte … Wer bist du denn, mein
kleiner Marc, dass du dich für überlegen hältst? …
An diesem Tag hätte ich ihm meine Faust in die Fresse
wuchten sollen. Und dann, wenn er halb tot am Boden
gelegen hätte, zu ihm sagen sollen, und du, was für ein
Freund bist du, was für eine Art Freund bist du, Serge,
dass du nicht der Meinung bist, dein Freund sei überlegen?

* * *

Bei Serge.

Marc und Serge, genau wie vorher.

MARC: Ein Lyoneser Restaurant, hast du gesagt. Schwer, nicht wahr? Etwas fett, Würste ... glaubst du?

Es klingelt an der Tür.

SERGE: Zwölf Minuten nach acht.

Serge geht hinaus, um Yvan zu öffnen.

Yvan kommt redend ins Zimmer.

YVAN: Also dramatisch, ein unlösbares, dramatisches Problem, die beiden Stiefmütter wollen auf der Einladungskarte stehen. Catherine betet ihre Stiefmutter an, die sie praktisch großgezogen hat, sie will sie unbedingt auf der Einladungskarte haben, sie will es einfach, der Stiefmutter kommt es gar nicht in den Sinn, und das ist normal, die Mutter ist ja tot, dass sie nicht neben dem Vater stehen soll, ich hingegen hasse die meine, es kommt überhaupt nicht in Frage, dass meine Stiefmutter auf der Einladung steht, mein Vater wiederum will nicht draufstehen, wenn sie nicht draufsteht, es sei denn, Catherines Stiefmutter steht auch nicht drauf, was einfach unmöglich ist, ich habe den Vorschlag gemacht, dass überhaupt keine Eltern draufstehen, wir sind schließlich keine zwanzig mehr, wir können unsere Heirat selbst anzeigen und die Leute selbst einladen, Catherine hat aufgeschrien und behauptet, das sei eine Ohrfeige für ihre Eltern, die schließlich für teures Geld den Empfang bezahlten, und ganz besonders für ihre Stiefmutter, die sich so viel Mühe gemacht habe, wo sie doch nicht einmal ihre Tochter sei, ich lasse mich also überzeugen, wenn auch höchst widerwillig, bloß aus Erschöpfung, ich bin also einverstanden, dass meine Stiefmutter, die ich hasse, die eine Schlampe ist, mit auf der Einladung steht, ich rufe meine Mutter an, um ihr Bescheid zu sagen, ich sage zu ihr, Mama, ich habe alles getan, um das zu verhindern, aber es geht nicht anders, Yvonne muss auf der Einladung stehen, worauf sie mir zur Antwort gibt, wenn Yvonne auf der Einladung steht, will ich nicht draufstehen, ich sage zu ihr, Mama, ich flehe dich an, vergifte nicht die Atmosphäre, sie sagt zu mir, wie kannst du es wagen, mir vorzuschlagen, meinen Namen einsam auf der Einladungskarte schweben zu lassen, wie der einer verlassenen Frau, unter dem Yvonnes, der fest mit dem Familiennamen deines Vaters vertäut ist, ich sage zu ihr, Mama, Freunde warten auf mich, ich hänge gleich auf, wir werden morgen in aller Ruhe darüber reden, sie sagt zu mir, und warum bin ich immer das letzte Rad am Wagen, wieso denn das, Mama, du bist nicht das letzte Rad am Wagen, natürlich bin ich das, wenn du zu mir sagst, ich soll die Atmosphäre nicht vergiften, dann heißt das doch, dass alles schon geregelt ist, alles wird ohne mich arrangiert, alles wird hinter meinem Rücken ausgeheckt, die brave Huguette soll zu allem Ja und Amen sagen, und dazu noch, sagte sie zu mir – wirklich der Gipfel –, wegen einem Ereignis, dessen Dringlichkeit ich immer noch nicht eingesehen habe, Mama, Freunde warten auf mich, ja, ja, du hast immer Besseres zu tun, alles ist wichtiger als ich, auf Wiedersehen, sie legt auf, Catherine, die daneben stand, sie aber nicht hören konnte, sagt zu mir, was hat sie gesagt, ich sage zu ihr, sie will nicht mit Yvonne auf der Einladung stehen, und das ist normal, davon rede ich nicht, was hat sie über die Hochzeit gesagt, nichts, du lügst, aber nein, Cathy, ich schwöre dir, sie will nicht zusammen mit Yvonne auf der Einladung stehen, ruf sie wieder an und sag ihr, wenn man seinen Sohn verheiratet, stellt man seine Eigenliebe hintan, dasselbe könntest du auch zu deiner Stiefmutter sagen, das ist etwas ganz anderes, ruft Catherine, ich bin es nämlich, ich, die unbedingt darauf besteht, dass sie auf der Karte erscheint, nicht sie, die Ärmste, das Zartgefühl in Person, wenn sie wüsste, was für Probleme das aufwirft, würde sie mich anflehen, nicht auf der Einladung zu stehen, ruf deine Mutter wieder an, ich rufe sie wieder an, meine Nerven sind zum Zerreißen gespannt, Catherine hat den Zweithörer am Ohr, Yvan, sagt meine Mutter zu mir, bis jetzt hast du deine Geschäfte stets aufs Chaotischste betrieben, und nur, weil du plötzlich Eheaktivitäten entwickelst, muss ich einen ganzen Nachmittag und einen Abend mit deinem Vater verbringen, einem Mann, den ich seit siebzehn Jahren nicht mehr gesehen habe, und dem ich meine Hängebacken und meine Korpulenz eigentlich nicht vorzuführen gedachte, dazu noch mit Yvonne, die, nur nebenbei, Mittel und Wege gefunden hat, ich hab das von Félix Perolari erfahren, Bridge zu spielen – meine Mutter spielt ebenfalls Bridge –, das sind alles Dinge, die ich nicht verhindern kann, aber die Einladung, das Ding schlechthin, das jeder bekommen und eingehend lesen wird, auf der gedenke ich allein zu brillieren, mit einem Ausdruck des Ekels schüttelt Catherine am Hörer den Kopf, ich sage, Mama, warum bist du so egoistisch, ich bin nicht egoistisch, ich bin nicht egoistisch, Yvan, fang du nicht auch noch an und sag mir, wie Madame Roméro heute Morgen, ich hätte ein Herz aus Stein, wir hätten alle in der Familie einen Stein anstelle des Herzens, meinte Madame Roméro heute Morgen, weil ich mich geweigert habe – sie ist völlig verrückt geworden –, ihr steuerfrei sechzig Franc die Stunde zu geben, und sich dann auch noch herausnimmt, mir zu sagen, wir hätten alle in der Familie einen Stein anstelle des Herzens, als man dem armen André einen Herzschrittmacher eingesetzt hat, hast du ihm ja nicht einmal ein paar Zeilen geschrieben, ja, selbstverständlich, das ist komisch, du musst ja über alles lachen, egoistisch bin nicht ich, Yvan, du musst noch viel lernen über das Leben, los, mein Kleiner, lauf, lauf, und geh zu deinen Freunden …

Schweigen.

SERGE: Und dann? …

YVAN: Und dann, nichts. Nichts ist gelöst. Ich habe aufgelegt. Ein Minidrama mit Catherine. Abgekürzt, weil ich schon zu spät dran war.

MARC: Warum lässt du dir von all diesen Weibern so zusetzen?

YVAN: Warum, das weiß ich auch nicht! Sie sind verrückt!

SERGE: Du hast abgenommen.

YVAN: Natürlich. Ich habe vier Kilo abgenommen. Nur aus Angst … »Vom glücklichen Leben«, genau das brauche ich! Was sagt er?

MARC: Ein Meisterwerk.

YVAN: Ach was? …

SERGE: Er hat es nicht gelesen.

YVAN: Ach so!

MARC: Nein, aber Serge hat mir vorhin gesagt, *ein Meisterwerk.*

SERGE: Ich habe *Meisterwerk* gesagt, weil es ein Meisterwerk ist.

MARC: Ja, ja.

SERGE: Es ist ein Meisterwerk.

MARC: Warum braust du gleich auf?

SERGE: Du willst mir offenbar unterstellen, dass ich alle naslang *Meisterwerk* sage.

MARC: Keineswegs …

SERGE: Du sagst das mit einem gewissen spöttischen Ton …

MARC: Aber keineswegs!

SERGE: Doch, doch, *Meisterwerk,* in einem Ton …

MARC: Der ist doch verrückt! Keineswegs … Du hingegen hast gesagt … du hast äußerst modern hinzugefügt.

SERGE: Ja. Na und?

MARC: Du hast *äußerst modern* gesagt, als sei modern das Nonplusultra des Kompliments. Als könne man, wenn man von etwas spricht, nichts Höheres, nichts endgültig Höheres sagen als modern.

SERGE: Na und?

MARC: Na und, nichts. Außerdem habe ich, wie du bemerkt haben wirst, das *äußerst* nicht erwähnt … *Äußerst modern!* …

SERGE: Du suchst heute wohl Streit mit mir.

MARC: Nein …

YVAN: Ihr werdet euch doch nicht anschnauzen wollen, das wäre wirklich die Höhe!

SERGE: Findest du es nicht außergewöhnlich, dass ein Mann, der vor fast zweitausend Jahren geschrieben hat, immer noch aktuell ist?

MARC: Doch. Doch, doch. Das gehört eben zum Wesen der Klassiker.

SERGE: Eine Frage von Wörtern.

YVAN: Na, was machen wir? Das Kino ist wohl gelaufen, nehme ich an, tut mir leid. Gehen wir essen?

MARC: Serge hat mir gesagt, dass du sehr empfänglich warst für sein Bild.

YVAN: Ja … Ich bin ziemlich empfänglich für dieses Bild, ja … Du nicht, ich weiß.

MARC: Nein.

Gehen wir essen. Serge kennt ein sehr gutes Lyoneser Restaurant.

SERGE: Du findest das zu schwer.

MARC: Ich finde es zwar ein wenig schwer, aber ich will es trotzdem versuchen.

SERGE: Aber nein, wenn du es zu schwer findest, gehen wir woandershin.

MARC: Nein, ich will es gern versuchen.

SERGE: Wir gehen in dieses Restaurant, wenn es euch Spaß macht. Andernfalls gehen wir nicht hin!

(zu Yvan) Willst du lyonesisch essen?

YVAN: Ich mache, was ihr wollt.

MARC: Er macht, was wir wollen, er macht immer, was wir wollen.

YVAN: Was habt ihr beide nur, ihr seid wirklich komisch!

SERGE: Er hat recht, du könntest auch mal eine eigene Meinung haben.

YVAN: Jetzt hört mal gut zu, Freunde, wenn ihr die Absicht habt, mich als Prügelknaben zu benutzen, ziehe ich Leine. Ich habe heute genug eingesteckt.

MARC: Etwas Humor, Yvan.

YVAN: Wie?

MARC: Etwas Humor, Junge.

YVAN: Etwas Humor? Ich sehe nicht, was daran lustig ist. Etwas Humor, du machst mir Spaß.

MARC: Ich finde, dir fehlt es in letzter Zeit ein wenig an Humor. Pass auf, schau mich an!

YVAN: Was hast du?

MARC: Findest du nicht, dass es auch mir in letzter Zeit ein wenig an Humor fehlt?

YVAN: Ach ja?!

SERGE: Gut, das genügt, fassen wir einen Entschluss. Um die Wahrheit zu sagen, ich habe nicht einmal Hunger.

YVAN: Ihr seid heute Abend wirklich sinister! …

SERGE: Soll ich dir mal sagen, wie ich deine Weibergeschichten sehe?

YVAN: Sag schon.

SERGE: Die hysterischste von allen ist meiner Meinung nach Catherine. Bei weitem.

MARC: Eindeutig.

SERGE: Und wenn du dich jetzt schon von ihr schikanieren lässt, dann mach dich auf eine furchtbare Zukunft gefasst.

YVAN: Was kann ich tun?

MARC: Rückgängig machen.

YVAN: Die Hochzeit rückgängig machen?!

SERGE: Er hat recht.

YVAN: Aber das kann ich doch nicht, ihr seid ja bescheuert!

MARC: Warum kannst du nicht?

YVAN: Weil ich nicht kann, begreift doch!

Alles ist schon geregelt. Ich bin seit einem Monat in der Papierbranche …

MARC: Wo ist der Zusammenhang?

YVAN: Die Papierwarenhandlung gehört ihrem Onkel, der es absolut nicht nötig hatte, jemanden einzustellen, am wenigsten jemanden, der nur in der Stoffbranche gearbeitet hat.

SERGE: Tu, was du willst. Ich habe dir meine Meinung gesagt.

YVAN: Entschuldige, Serge, aber ohne dich verletzen zu wollen, du bist wirklich der Letzte, von dem ich mir Ratschläge in Ehedingen geben ließe. Man kann nicht sagen, dass dein Leben auf diesem Gebiet ein großer Erfolg ist …

SERGE: Eben.

YVAN: Ich kann diese Heirat nicht mehr rückgängig machen.

Ich weiß, dass Catherine hysterisch ist, aber sie hat auch ihre Qualitäten. Sie hat Qualitäten, die ausschlaggebend sind, wenn man einen Kerl wie mich heiratet ... *(auf den Antrios zeigend)* Wo willst du es hinhängen?

SERGE: Ich weiß noch nicht.

YVAN: Warum hängst du es nicht dorthin?

SERGE: Weil es dort vom Tageslicht erdrückt wird.

YVAN: Ach ja.

Ich hab heute an dich gedacht, wir haben im Geschäft fünfhundert Plakate gedruckt von einem Kerl, der weiße, völlig weiße Blumen auf weißem Untergrund malt.

SERGE: Der Antrios ist nicht weiß.

YVAN: Nein, natürlich nicht. Ich sag ja auch nur.

MARC: Findest du, dass dieses Bild nicht weiß ist, Yvan?

YVAN: Nicht ganz, nein ...

MARC: Ach so. Und was für eine Farbe siehst du? ...

YVAN: Ich sehe Farben ... Ich sehe Gelb, Grau, Linien, die etwas ockerfarben sind ...

MARC: Sprechen dich diese Farben an?

YVAN: Ja ... diese Farben sprechen mich an.

MARC: Yvan, du hast eben keinen Charakter. Du bist ein hybrider, schlaffer Mensch.

SERGE: Warum bist du so aggressiv zu Yvan?

MARC: Weil er ein kleiner, serviler Speichellecker ist, der sich vom Zaster täuschen lässt, der sich täuschen lässt von dem, was er für Kultur hält, eine Kultur, die ich übrigens ein für alle Mal verabscheue.

Kurzes Schweigen.

SERGE: … Was ist denn in dich gefahren?

MARC: *(zu Yvan)* Wie kannst du, Yvan? … In meiner Gegenwart. In meiner Gegenwart, Yvan.

YVAN: Was, in deiner Gegenwart? … Was, in deiner Gegenwart? Diese Farben sprechen mich an. Ja. Ob es dir passt oder nicht. Und hör auf, alles bestimmen zu wollen.

MARC: Wie kannst du in meiner Gegenwart sagen, dass diese Farben dich ansprechen? …

YVAN: Weil es die Wahrheit ist.

MARC: Die Wahrheit? Diese Farben sprechen dich an?

YVAN: Ja. Diese Farben sprechen mich an.

MARC: Diese Farben sprechen dich an, Yvan?!

SERGE: Diese Farben sprechen ihn an! Das ist sein gutes Recht!

MARC: Nein, dazu hat er kein Recht.

SERGE: Wieso hat er dazu kein Recht?

MARC: Dazu hat er kein Recht.

YVAN: Dazu habe ich kein Recht?! …

MARC: Nein.

SERGE: Warum hat er dazu kein Recht? Du weißt, dass es dir im Augenblick nicht gut geht, du solltest einen Arzt aufsuchen.

MARC: Er hat deshalb nicht das Recht zu sagen, diese Farben würden ihn ansprechen, weil es falsch ist.

YVAN: Diese Farben sprechen mich nicht an?

MARC: Es gibt keine Farben. Du siehst sie nicht. Und sie sprechen dich auch nicht an.

YVAN: Das mag für dich zutreffen!

MARC: Was für eine Erniedrigung, Yvan! …

SERGE: Aber wer bist du denn, Marc?! …

Wer bist du, dass du dein Gesetz aufzwingen willst? Ein Mensch, der nichts mag, der alle Welt verachtet, der seine Ehre dareinsetzt, kein Mensch seiner Zeit zu sein …

MARC: Was soll das heißen, ein Mensch seiner Zeit zu sein?

YVAN: Ciao. Ich gehe.

SERGE: Wo gehst du hin?

YVAN: Ich gehe. Ich sehe nicht ein, warum ich eure Launen ertragen soll.

SERGE: Bleib! Du wirst doch jetzt nicht kneifen wollen … Wenn du gehst, gibst du ihm recht. *(Yvan zögert und schwankt zwischen zwei Entschlüssen.)*

SERGE: Ein Mensch seiner Zeit ist ein Mensch, der in seiner Zeit lebt.

MARC: So ein Blödsinn. Wie kann ein Mensch in einer anderen Zeit leben als der seinen. Erklär mir das.

SERGE: Ein Mensch seiner Zeit, das ist jemand, von dem man in zwanzig Jahren, in hundert Jahren sagen kann, dass er repräsentativ ist für seine Epoche.

MARC: Hm, hm. Und wozu das?

SERGE: Wie, wozu das?

MARC: Was bringt es mir, wenn man eines Tages von mir sagt, er ist repräsentativ für seine Epoche gewesen?

SERGE: Aber lieber Freund, es geht doch nicht um dich, du Ärmster! Du interessierst doch niemanden! Ein Mensch seiner Zeit, und dazu gehören, darauf möchte ich dich hinweisen, in der Mehrzahl Menschen, die du schätzt, ist eine Stütze für die Menschheit. Für einen Menschen seiner Zeit bleibt die Geschichte der Malerei nicht auf eine hypo-flämische Ansicht von Cavaillon beschränkt ...

MARC: Carcassonne.

SERGE: Ja, das ist dasselbe. Ein Mensch seiner Zeit nimmt an der echten Dynamik der Entwicklung teil ...

MARC: Und das ist deiner Meinung nach gut.

SERGE: Es ist weder gut noch schlecht – warum willst du moralisieren? –, es liegt in der Natur der Dinge.

MARC: Du zum Beispiel nimmst an der echten Dynamik der Entwicklung teil.

SERGE: Ja.

MARC: Und Yvan?

YVAN: Aber nein. Ein hybrider Mensch nimmt an nichts teil.

SERGE: Yvan ist auf seine Art ein Mensch seiner Zeit.

MARC: Und woran siehst du das bei ihm? Bestimmt nicht an dem Schinken, den er überm Kamin hängen hat!

YVAN: Das ist kein Schinken!

SERGE: Doch.

YVAN: Aber nein!

SERGE: Wie auch immer. Yvan ist repräsentativ für eine gewisse, völlig zeitgenössische Art zu leben und zu denken. Wie du übrigens auch. Du bist ganz typisch, es tut mir leid, ein Mensch deiner Zeit. Und in Wahrheit ist es so, je mehr du es nicht sein möchtest, umso mehr bist du es.

MARC: Dann ist ja alles in Ordnung. Wo also liegt das Problem?

SERGE: Das Problem liegt einzig und allein bei dir, weil du deine Ehre dareinsetzt, dich aus dem Kreis der Menschen ausschließen zu wollen. Und weil dir das nicht gelingt. Du stehst da wie auf Treibsand, je mehr du herauszukommen versuchst, umso tiefer sinkst du ein. Entschuldige dich bei Yvan.

MARC: Yvan ist ein Feigling.

Bei diesen Worten fasst Yvan seinen Entschluss: Er geht überstürzt hinaus. – Kurze Pause.

SERGE: Bravo.

Schweigen.

MARC: Es wäre wohl besser, wenn wir uns heute Abend überhaupt nicht sähen ... oder? Ich sollte besser ebenfalls gehen ...

SERGE: Möglich ...

MARC: Gut ...

SERGE: Feige bist du ... Du greifst einen Menschen an, der sich nicht wehren kann ... Und du weißt das genau.

MARC: Du hast recht ... Du hast recht, und was du da sagst, trägt zu meiner Niedergeschlagenheit bei ... Siehst du, plötzlich verstehe ich nicht mehr, weiß ich nicht mehr, was mich mit Yvan verbindet ... Ich verstehe nicht mehr, woraus meine Beziehung zu diesem Jungen besteht.

SERGE: Yvan ist immer das gewesen, was er ist.

MARC: Nein. Er besaß eine Verrücktheit, etwas Unpassendes ... Er war anfällig, aber durch seine Verrücktheit war er entwaffnend ...

SERGE: Und ich?

MARC: Was, und du?

SERGE: Weißt du, was dich mit mir verbindet?

MARC: … Eine Frage, die uns ziemlich weit führen könnte …

SERGE: Schieß los.

Kurzes Schweigen.

MARC: Es tut mir leid, dass ich Yvan wehgetan habe.

SERGE: Ah! Endlich ein etwas menschliches Wort aus deinem
Munde … Umso mehr als der Schinken, der über seinem
Kamin hängt … ich fürchte, den hat sein Vater gemalt.

MARC: Ach so? Scheiße.

SERGE: Ja …

MARC: Aber du hast ihm doch ebenfalls …

SERGE: Ja, ja, aber ich habe mich daran erinnert, als ich es
sagte.

MARC: Oh Scheiße …

SERGE: Mmm …

Kurze Pause.

*Es klingelt. Serge geht aufmachen. Sogleich kommt Yvan herein,
und, wie schon zuvor, fängt er an zu reden, kaum dass er angekom-
men ist.*

YVAN: Yvans Rückkehr! Der Fahrstuhl ist besetzt, ich laufe
zur Treppe, und während ich hinunterstürze, denke ich,
feige, hybride, charakterlos, ich sage mir, ich komme mit
einer Flinte zurück, ich lege ihn um, dann wird er sehen,
ob ich schlaff und servil bin, ich komme im Erdgeschoss
an, ich sage mir, Junge, du hast doch keine sechs Jahre auf
der Couch gelegen, um dann deinen besten Freund um-
zulegen, und du hast dich auch keine sechs Jahre lang

einer Psychoanalyse unterzogen, um hinter diesem verbalen Wahnsinn nicht ein tief sitzendes Unbehagen zu erkennen, ich klettere also wieder nach oben, und während ich die Stufen der Verzeihung emporsteige, sage ich mir, Marc ruft um Hilfe, ich muss ihm helfen, auch wenn ich selbst dabei leide … Übrigens, neulich habe ich mit Finkelzohn über euch gesprochen …

SERGE: Du sprichst mit Finkelzohn über uns?!

YVAN: Ich spreche mit Finkelzohn über alles.

SERGE: Und warum sprichst du über uns?

MARC: Ich verbiete dir, mit diesem Armleuchter über mich zu sprechen.

YVAN: Du hast mir nichts zu verbieten.

SERGE: Warum sprichst du über uns?

YVAN: Ich spüre, dass eure Beziehungen gespannt sind, und ich wollte, dass Finkelzohn mir Aufschluss darüber gibt …

SERGE: Und was hat dieses Arschloch gesagt?

YVAN: Er hat etwas Amüsantes gesagt …

MARC: Äußern diese Leute ihre Meinung?!

YVAN: Nein, sie äußern ihre Meinung nicht, aber in diesem Fall hat er seine Meinung geäußert, er hat sich sogar zu etwas aufgerafft, was sonst nie bei ihm vorkommt, ihm ist immer kalt, ich sage zu ihm, bewegen Sie sich doch!

SERGE: Schon gut, also, was hat er gesagt?!

MARC: Aber das ist uns doch wurscht, was er gesagt hat!

SERGE: Was hat er gesagt?

MARC: Wieso interessiert uns das?

SERGE: Ich will wissen, was dieses Arschloch gesagt hat. Scheiße!

YVAN: *(kramt in seiner Jackentasche)* Wollt ihr es wissen? ... *(Er zieht ein zusammengefaltetes Stück Papier heraus.)*

MARC: Hast du dir Notizen gemacht?!

YVAN: *(faltet es auseinander)* Ich habe es aufgeschrieben, weil es kompliziert ist ...

Soll ich es vorlesen?

SERGE: Lies.

YVAN: »Wenn ich ich bin, weil ich ich bin, und wenn du du bist, weil du du bist, bin ich ich und du bist du. Wenn ich hingegen ich bin, weil du du bist, und wenn du du bist, weil ich ich bin, dann bin ich nicht ich und du bist nicht du« ...

Klar, dass ich das aufschreiben musste.

Kurzes Schweigen.

MARC: Wie viel verlangt er?

YVAN: Vierhundert Franc pro Sitzung, zweimal die Woche.

MARC: Ganz hübsch.

SERGE: Und in bar. Ich habe nämlich erfahren, dass du nicht mit Scheck bezahlen kannst. Freud hat gesagt, du musst spüren, wie sich die Banknoten verflüchtigen.

MARC: Du hast Glück, von diesem Kerl gecoacht zu werden.

SERGE: Oh ja ... Und sei so nett und schreib uns die Formel auf.

MARC: Ja. Sie wird uns sicher nützlich sein.

YVAN: *(faltet den Zettel wieder sorgfältig zusammen)* Macht euch nur lustig. Für mich ist das sehr tiefsinnig.

MARC: Wenn du aufgrund seiner Ratschläge zurückgekommen bist, um die andere Wange hinzuhalten, dann kannst du ihm danken. Er hat zwar einen Waschlappen aus dir gemacht, aber du bist zufrieden, und das ist die Hauptsache.

YVAN: *(zu Serge)* Und alles nur, weil er nicht glauben will, dass ich deinen Antrios schätze.

SERGE: Es ist mir wurscht, was ihr beide von diesem Bild haltet.

YVAN: Je öfter ich es sehe, umso mehr mag ich es. Glaub mir.

SERGE: Ich schlage vor, dass wir nicht mehr über das Bild reden; ein für alle Mal, o. k.? Diese Unterhaltung interessiert mich nicht.

MARC: Warum nimmst du gleich übel?

SERGE: Ich nehme nicht übel, Marc. Jeder von euch hat seine Meinung geäußert. Gut. Damit ist das Thema erledigt.

MARC: Siehst du, du bist beleidigt.

SERGE: Ich bin nicht beleidigt. Ich bin müde.

MARC: Wenn du übel nimmst, heißt das doch, dass dir viel am Urteil der andern liegt …

SERGE: Ich bin müde, Marc. Das alles ist steril … Offen gestanden, ihr geht mir im Augenblick maßlos auf die Nerven.

YVAN: Gehen wir essen!

SERGE: Geht ihr ruhig, warum geht ihr nicht allein essen?

YVAN: Aber nein! Wo wir schon mal alle drei zusammen sind.

SERGE: Offenbar bekommt uns das nicht.

YVAN: Ich verstehe nicht, was los ist. Regen wir uns ab. Es gibt nicht den geringsten Grund, dass wir uns Grobheiten an den Kopf werfen, noch dazu wegen einem Bild.

SERGE: Dir ist doch klar, dass du nur Öl aufs Feuer gießt, mit deinen Beruhigungsappellen und deinen Pfaffenmanieren!

Ist das neu?

YVAN: Ihr könnt mich nicht erschüttern.

MARC: Du beeindruckst mich. Ich werde auch zu diesem Finkelzohn gehen! …

YVAN: Kannst du gar nicht, er ist ausgebucht. Was isst du da?

MARC: Gelsemium.

YVAN: Für mich beginnt jetzt der logische Ablauf der Dinge: Heirat, Kinder, Tod, Papierwaren. Was kann mir passieren?

In einer plötzlichen Eingebung nimmt Serge den Antrios und bringt ihn dorthin zurück, wo er war, nämlich außerhalb des Raums. Er kommt sogleich zurück.

MARC: Wir sind nicht würdig, das Bild anzuschauen …

SERGE: Genau.

MARC: Oder hast du Angst, du könntest es in meiner Gegenwart am Ende noch mit meinen Augen betrachten …

SERGE: Nein. Weißt du, was Paul Valéry gesagt hat? Das wird bestimmt Wasser auf deine Mühle sein.

MARC: Was Paul Valéry sagt, ist mir wurscht.

SERGE: Magst du auch Paul Valéry nicht?

MARC: Zitier mir nicht Paul Valéry.

SERGE: Aber du mochtest doch Paul Valéry!

MARC: Was Paul Valéry sagt, ist mir wurscht.

SERGE: Ich habe ihn durch dich entdeckt. Du selbst hast mich auf Paul Valéry aufmerksam gemacht!

MARC: Zitier mir nicht Paul Valéry, was Paul Valéry sagt, ist mir wurscht.

SERGE: Was ist dir denn nicht wurscht?

MARC: Dass du dieses Bild gekauft hast.

Dass du zwanzig Riesen für diese Scheiße ausgegeben hast.

YVAN: Du wirst doch nicht wieder anfangen, Marc!

SERGE: Dann werde ich dir jetzt mal sagen, was mir nicht wurscht ist – da wir uns schon gegenseitig ins Vertrauen ziehen –, mir ist die Art und Weise nicht wurscht, mit der du durch dein Lachen und deine Anspielungen zu verstehen gegeben hast, ich selber fände dieses Kunstwerk grotesk. Du hast abgestritten, dass ich aufrichtig etwas für dieses Bild übrighaben könnte. Du hast eine widerliche Komplizenschaft zwischen uns schaffen wollen. Um deine eigene Formel aufzugreifen, Marc, das ist genau das, was mich in letzter Zeit von dir entfremdet hat, dieser ständige Argwohn, den du an den Tag legst.

MARC: Es stimmt, ich kann mir wirklich nicht vorstellen, dass du dieses Bild aufrichtig magst.

YVAN: Aber warum denn nicht?

MARC: Weil ich Serge mag und unfähig bin, den Serge zu mögen, der dieses Bild kauft.

SERGE: Warum sagst du kauft, warum sagst du nicht mag?

MARC: Ich kann nicht sagen mag, weil ich nicht glauben kann, dass du es magst.

SERGE: Warum habe ich es dann gekauft, wenn ich es nicht mag?

MARC: Genau das ist die Frage.

SERGE: *(zu Yvan)* Schau nur, wie selbstgefällig er mir antwortet! Ich spiele den Trottel, und er antwortet mir ganz ruhig mit schwammigen Andeutungen! ... *(zu Marc)* Hast du dir auch nur eine einzige Sekunde überlegt, dass es mich, für den, wenn auch unwahrscheinlichen, Fall, dass ich das Bild wirklich mag, verletzen könnte, deine kategorische, entschiedene Meinung zu hören, als teilte ich insgeheim deine Abneigung?

MARC: Nein.

SERGE: Als du mich gefragt hast, wie ich über Paula denke – eine Frau, die mir während eines ganzen Abendessens weismachen wollte, die Ehlers-Danlos'sche Krankheit ließe sich durch Homöopathie heilen –, habe ich dir nicht gesagt, dass ich sie hässlich, runzlig und reizlos finde. Ich hätte es gekonnt.

MARC: So denkst du über Paula?

SERGE: Was meinst du?

YVAN: Aber nein, das denkt er nicht. So kann man gar nicht über Paula denken!

MARC: Antworte mir.

SERGE: Siehst du, siehst du die Wirkung, die das auf dich hat!

MARC: Denkst du das wirklich, was du gerade über Paula gesagt hast?

SERGE: Sogar noch Dinge jenseits davon.

YVAN: Aber nein!!

MARC: Jenseits davon, Serge? Jenseits des Runzligen? Erklär mir bitte, was das ist, das Jenseits des Runzligen? ...

SERGE: Schau, schau! Sobald es dich persönlich betrifft, scheint die Würze der Wörter bitterer! …

MARC: Serge, erklär mir bitte, was das ist, das Jenseits des Runzligen …

SERGE: Sprich nicht in diesem frostigen Ton zu mir. Und wäre es auch nur – um auf deine Frage zu antworten –, und wäre es auch nur die Art, wie sie den Zigarettenrauch verscheucht …

MARC: Die Art, wie sie den Zigarettenrauch verscheucht.

SERGE: Ja. Die Art, wie sie den Zigarettenrauch verscheucht. Eine Gebärde, die dir unbedeutend erscheint, eine harmlose Gebärde, von wegen, ist sie überhaupt nicht, denn in ihrer Art, den Zigarettenrauch zu verscheuchen, liegt ihre ganze Runzligkeit.

MARC: Du sprichst nur deshalb von Paula, einer Frau, die mein Leben teilt, in diesen unerträglichen Worten, weil du die Art, wie sie den Zigarettenrauch verscheucht, missbilligst?

SERGE: Ja. Die Art, wie sie den Zigarettenrauch verjagt, verurteilt sie ohne Sätze.

MARC: Serge, erklär mir das, bevor ich nicht völlig die Selbstbeherrschung verliere. Was du gerade tust, ist sehr gravierend.

SERGE: Jede andere Frau würde sagen, entschuldigen Sie bitte, der Rauch stört mich ein wenig, könnten Sie Ihren Aschenbecher nicht woanders hinstellen, nein, dazu lässt sie sich nicht herab, sie zeichnet ihre Verachtung in die Luft, eine kalkulierte Gebärde von fast bösartigem Überdruss, eine Handbewegung, die unmerklich sein will und so viel bedeutet wie: rauchen Sie, rauchen Sie, es ist zwar zum Verzweifeln, doch wozu darauf hinweisen, sodass du dich schließlich fragst, ob sie sich durch dich oder die Zigarette gestört fühlt.

YVAN: Du übertreibst!

SERGE: Siehst du, er sagt nicht, dass ich unrecht habe, er sagt, dass ich übertreibe, er sagt nicht, dass ich unrecht habe. Die Art, wie sie den Zigarettenrauch verscheucht, offenbart ein kaltes, herablassendes, der Welt gegenüber verschlossenes Naturell. Und du bist auf dem besten Wege, genauso zu werden. Es ist schade, Marc, es ist wirklich schade, dass du an eine so negative Frau geraten bist …

YVAN: Paula ist nicht negativ! …

MARC: Nimm alles zurück, was du gerade gesagt hast, Serge!

SERGE: Nein.

YVAN: Aber doch! …

MARC: Nimm zurück, was du gerade gesagt hast! …

YVAN: Nimm es zurück, nimm es zurück! Das ist doch lächerlich!

MARC: Serge, zum letzten Mal, ich fordere dich auf, zurückzunehmen, was du gerade gesagt hast.

SERGE: Ein Wahnsinnspaar in meinen Augen. Ein Fossilienpaar.

Marc stürzt sich auf Serge. Yvan eilt herbei, um dazwischenzugehen.

MARC: *(zu Yvan)* Verzieh dich! …

SERGE: *(zu Yvan)* Misch dich nicht ein! …

Es folgt so etwas wie ein grotesker, sehr kurzer Kampf, der mit einem Schlag endet, der unglücklicherweise Yvan trifft.

YVAN: Oh Scheiße! … Scheiße! …

SERGE: Lass sehen, lass sehen … *(Yvan wimmert. Mehr als nötig, wie es scheint.)* So lass doch sehen! … Es ist nichts … Du hast nichts … Warte … *(Er geht hinaus und kommt mit einer Kompresse zurück.)* Da, leg das eine Minute lang drauf.

YVAN: … Ihr seid beide völlig anormal. Zwei normale Menschen, die auf einmal völlig überschnappen!

SERGE: Reg dich nicht auf!

YVAN: Es tut wirklich weh! … Womöglich ist das Trommelfell geplatzt! …

SERGE: Aber nein.

YVAN: Woher willst du das wissen? Du bist schließlich kein Hals-Nasen-Ohren-Arzt! … Freunde wie ihr, Kerle, die studiert haben! …

SERGE: Komm, beruhige dich!

YVAN: Du kannst doch nicht jemanden heruntermachen, bloß weil du die Art nicht magst, wie er den Zigarettenrauch verscheucht! …

SERGE: Doch …

YVAN: Aber das hat doch überhaupt keinen Sinn!

SERGE: Was weißt du schon über den Sinn von was auch immer?

YVAN: Greif mich an, greif mich nur wieder an! … Vielleicht habe ich eine innere Blutung, ich sah eine Maus vorbeilaufen! …

SERGE: Es war eine Ratte.

YVAN: Eine Ratte!

SERGE: Ja, von Zeit zu Zeit kommt sie vorbei.

YVAN: Du hast eine Ratte?!!

SERGE: Nimm die Kompresse nicht weg, lass sie liegen.

YVAN: Was habt ihr nur? ... Was ist zwischen euch vorgefallen? Es muss etwas zwischen euch vorgefallen sein, dass ihr so irre geworden seid?

SERGE: Ich habe ein Kunstwerk gekauft, das Marc nicht zusagt.

YVAN: Jetzt machst du weiter! ... Ihr seid beide in eine Spirale geraten, ihr könnt nicht mehr aufhören ... Das ist fast wie bei mir und Yvonne. Die pathologischste Beziehung, die es gibt!

SERGE: Wer ist das?

YVAN: Meine Stiefmutter!

SERGE: Du hast uns schon lange nichts mehr von ihr erzählt.

YVAN: Sie hat im Kanal von Aubervilliers schwimmen gelernt. Sie stießen die Kadaver der Ratten weg, und der Schleusenwärter sagte zu ihnen, so, jetzt taucht! Es war wunderbar, erzählte sie mir gestern Abend bei meinem Vater, wir waren arm, und es war wunderbar! Darauf habe ich ihr gesagt, dass ich mit vierzehn Jahren schwimmen lernte, mit einer Schwimmweste und einem Privatlehrer in Auteuil. Es tut weh, es tut wirklich weh ... ich bin sicher, das Trommelfell ist geplatzt.

Kurzes Schweigen.

MARC: Warum hast du mir nicht sofort gesagt, wie du über Paula denkst?

SERGE: Ich wollte dir keinen Kummer machen.

MARC: Nein, nein nein …

SERGE: Was, nein nein nein? …

MARC: Nein. Als ich dich gefragt habe, wie du über Paula denkst, hast du mir geantwortet: Ihr habt euch gefunden.

SERGE: Ja …

MARC: Und das war in deinem Mund positiv.

SERGE: Wahrscheinlich …

MARC: Doch doch. Damals ja.

SERGE: Gut, was willst du damit beweisen?

MARC: Heute geht die Kritik, die du an Paula übst, in Wirklichkeit aber an mir, in die falsche Richtung.

SERGE: … Versteh ich nicht …

MARC: Oh doch, du verstehst schon.

SERGE: Nein.

MARC: Seitdem ich dir nicht mehr bei deinem grimmigen, wenn auch erst in jüngster Zeit erfolgten Streben nach Neuheit folgen kann, bin ich herablassend geworden, verschlossen … fossilienhaft …

YVAN: Es durchbohrt mich! … Ein Bohrer, der sich in meinem Gehirn dreht!

SERGE: Willst du einen Tropfen Cognac?

YVAN: Meinst du? … Wenn in meinem Kopf etwas kaputt ist, meinst du nicht, Alkohol sei da kontraindiziert? …

SERGE: Willst du ein Aspirin?

YVAN: Kümmert euch nicht um mich. Setzt eure absurde Unterhaltung fort, und interessiert euch nicht für mich.

MARC: Das ist schwierig.

YVAN: Ihr könntet ein klein bisschen Mitleid haben. Ja.

SERGE: Ich ertrage es durchaus, dass du oft mit Paula zusammenkommst. Ich bin dir nicht böse, dass du mit Paula zusammenlebst.

MARC: Du hast auch keinen Grund, mir deswegen böse zu sein.

SERGE: Du hingegen hast Grund, mir böse zu sein ... siehst du, beinahe hätte ich gesagt, weil ich mit dem Antrios zusammenlebe!

MARC: Ja.

SERGE: ... Etwas begreife ich nicht.

MARC: Ich habe dich nicht durch Paula ersetzt.

SERGE: Habe ich dich etwa durch den Antrios ersetzt?

MARC: Ja.

SERGE: ... Ich habe dich durch den Antrios ersetzt?!

MARC: Ja. Durch den Antrios ... und Compagnie.

SERGE: *(zu Yvan)* Verstehst du, was er sagt? ...

YVAN: Das ist mir wurscht, ihr seid doch beide bescheuert.

MARC: Zu meiner Zeit hättest du dieses Bild nie gekauft.

SERGE: Was heißt denn das, zu meiner Zeit?!

MARC: In der Zeit, als du mich noch von den andern unterschieden hast, als du die Dinge nach meiner Elle gemessen hast.

SERGE: Hat es je eine solche Zeit zwischen uns gegeben?

MARC: Das ist sehr grausam. Und kleinlich von dir.

SERGE: Nein, glaub mir, ich bin verblüfft.

MARC: Wäre Yvan nicht der schwammige Mensch, der er geworden ist, würde er mich unterstützen.

YVAN: Sprich weiter, sprich ruhig weiter, ich hab dir ja gesagt, das läuft an mir ab.

MARC: *(zu Serge)* Es gab eine Zeit, da warst du stolz, mich zum Freund zu haben … Du hast dich glücklich geschätzt wegen meiner Eigenart, meinem Hang, außerhalb der Norm zu bleiben. Du hast bei andern gern meine Ungeselligkeit herausgestellt, du, der du so normal gelebt hast. Ich war dein Alibi. Doch … es sieht so aus, als ob diese Art der Zuneigung mit der Zeit versiegen würde … Mit vorgerücktem Alter wirst du autonom …

SERGE: Ich schätze das *mit vorgerücktem Alter*.

MARC: Und ich hasse diese Autonomie. Die Heftigkeit dieser Autonomie. Du lässt mich im Stich. Ich werde verraten. Für mich bist du ein Verräter.

Schweigen.

SERGE: *(zu Yvan)* … Er war mein Mentor, wenn ich recht verstehe! … *(Yvan antwortet nicht. Marc starrt ihn verächtlich an. Kurze Pause.)* … Und wenn ich dich in deiner Eigenschaft als Mentor liebte … welcher Art war dann mein Gefühl?

MARC: Du kannst es dir denken.

SERGE: Ja, ja, aber ich möchte es von dir hören.

MARC: … Ich liebte deinen Blick. Ich fühlte mich geschmeichelt. Ich war dir immer dankbar, dass du mich als etwas Besonderes angesehen hast. Ich habe sogar geglaubt, dieses Besondere gehöre zur Kategorie des Überlegenen, bis du mir schließlich das Gegenteil gesagt hast.

SERGE: Das ist erschreckend.

MARC: Es ist die Wahrheit.

SERGE: Was für ein Fehlschlag! ...

MARC: Ja, was für ein Fehlschlag!

SERGE: Was für ein Fehlschlag!

MARC: Für mich vor allem ... Du hast eine neue Familie für dich entdeckt. Dein götzendienerisches Naturell hat andere Gegenstände entdeckt. Den Künstler! ... Die Dekonstruktion! ...

Kurzes Schweigen.

YVAN: Was ist denn das, die *Dekonstruktion*? ...

MARC: Du kennst nicht die *Dekonstruktion*? ... Frag Serge, er beherrscht diesen Begriff sehr gut ... *(zu Serge)* Um ein absurdes Kunstwerk für mich lesbar zu machen, hast du deine Terminologie im Handwörterbuch für Hoch- und Tiefbau gesucht. Ach, du lächelst! Siehst du, wenn du so lächelst, schöpfe ich wieder Hoffnung, so ein Arschloch ...

YVAN: Aber so versöhnt euch doch! Verbringen wir einen angenehmen Abend, das ist doch alles lachhaft!

MARC: ... Es ist meine Schuld. Wir haben uns in letzter Zeit nicht oft gesehen. Ich bin weg gewesen, du fingst an, in den oberen Kreisen zu verkehren ... Die Rops ... Die Desprez-Couderts ... Dieser Zahnarzt, Guy Hallié ... Er hat dich doch ...

SERGE: Nein, nein, nein, nein, überhaupt nicht, das ist überhaupt nicht seine Welt, er mag nur die Konzeptkunst ...

MARC: Ja, im Grunde ist es dasselbe.

SERGE: Nein, es ist nicht dasselbe.

MARC: Du siehst, noch ein Beweis dafür, dass du mir entglitten bist ... Wir verstehen uns nicht einmal mehr bei einer ganz gewöhnlichen Unterhaltung.

SERGE: Ich wusste gar nicht – das ist wirklich eine Entdeckung –, dass ich derart unter deiner Fuchtel stand, derart dein Besitz war ...

MARC: Nicht mein Besitz, nein ... Man sollte seine Freunde nie ohne Überwachung lassen. Man muss seine Freunde immer überwachen. Sonst entgleiten sie einem ...

Schau dir diesen unglücklichen Yvan an, der uns durch sein zügelloses Verhalten entzückte und den wir zu einem ängstlichen Papierwarenhändler werden ließen ... Bald Ehemann ...

Ein Junge, der seine Eigenart und seine Schrullen einbrachte und der sich jetzt abmüht, sie zu verwischen ...

SERGE: Der *uns* entzückte! Ist dir eigentlich klar, was du sagst? Immer in Bezug auf dich! Lern doch endlich, die Leute wegen ihrer selbst zu lieben, Marc.

MARC: Was soll das heißen, wegen ihrer selbst?!

SERGE: Wegen dem, was sie sind.

MARC: Aber was sind sie denn? Was sind sie?! ... Außer der Hoffnung, die ich in sie setze? ...

Ich suche verzweifelt einen Freund, der schon vor mir war, was er ist. Bisher habe ich kein Glück gehabt. Ich habe euch formen müssen ... Aber du siehst, das funktioniert nicht.

Früher oder später wird das Geschöpf bei den Desprez-Couderts zu Abend essen und kauft dann, um sich seinen neuen Status zu bestätigen, ein weißes Bild.

YVAN: In der Medizin hat das einen Namen. Seine Krankheit hat einen Namen …

SERGE: Dann sind wir jetzt also am Ende einer fünfzehnjährigen Beziehung.

MARC: Ja …

YVAN: Erbärmlich …

MARC: Du siehst, hätten wir normal miteinander reden können, das heißt, wenn ich es geschafft hätte, meine Meinung zu sagen und dabei meine Ruhe zu bewahren …

SERGE: Ja? …

MARC: Nein …

SERGE: Doch. Sprich. Damit wir wenigstens ein leidenschaftsloses Wort wechseln.

MARC: … Ich glaube nicht an die Werte, die für die heutige Kunst bestimmend sind. Das Gesetz des Neuen. Das Gesetz der Überraschung …

Die Überraschung ist etwas Totes. Tot, kaum dass sie konzipiert ist, Serge …

SERGE: Gut. Was noch?

MARC: Das ist alles.

Für dich habe ich wohl auch zur Kategorie der Überraschung gehört.

SERGE: Was erzählst du denn da!

MARC: Eine Überraschung, die eine gewisse Zeit gedauert hat, wie ich sagen muss.

YVAN: Finkelzohn ist ein Genie.

Ich mache euch darauf aufmerksam, dass er alles begriffen hatte!

MARC: Es wäre mir lieb, wenn du aufhören würdest, den Schiedsrichter zu spielen, Yvan, und auch nicht mehr so tun würdest, als stündest du außerhalb dieses Gesprächs.

YVAN: Kommt gar nicht in Frage, dass ich daran teilnehme, was geht mich euer Streit an? Ich habe schon ein geplatztes Trommelfell, rechnet ihr allein miteinander ab!

MARC: Hat er vielleicht ein geplatztes Trommelfell? Ich habe ihm wohl einen sehr heftigen Schlag versetzt.

SERGE: *(höhnisch)* Bitte, keine Prahlerei.

MARC: Siehst du, Yvan, was ich im Augenblick nicht an dir ausstehen kann – neben all dem, was ich dir schon gesagt habe und was ich denke –, ist dein Wunsch, uns zu nivellieren. Du möchtest, dass wir gleich sind. Damit deine Feigheit nicht so auffällt. Gleich in der Diskussion, gleich in der Freundschaft von früher. Aber wir sind nicht gleich, Yvan. Du musst dein Lager wählen.

YVAN: Das ist schon gewählt.

MARC: Bestens.

SERGE: Ich brauche keinen Anhänger.

MARC: Du wirst den armen Jungen doch nicht zurückweisen.

YVAN: Warum treffen wir uns, wenn wir uns hassen?! Wir hassen uns, das ist klar! Das heißt, ich hasse euch nicht, aber ihr, ihr hasst euch! Und ihr hasst mich! Warum also treffen wir uns? … Ich wollte mich mal einen Abend lang entspannen, nach einer Woche absurder Sorgen, wollte meine beiden besten Freunde wiedersehen, ins Kino gehen, lachen, entdramatisieren …

SERGE: Hast du bemerkt, dass du nur von dir sprichst?

YVAN: Und von wem sprecht ihr?! Jeder spricht nur von sich!

SERGE: Du versaust uns den Abend, du …

YVAN: Ich versaue euch den Abend?!

SERGE: Ja.

YVAN: Ich versaue euch den Abend?! Ich?! Ich versaue euch den Abend?!

MARC: Ja, ja, reg dich nicht auf!

YVAN: Ich versaue euch den Abend?!! …

SERGE: Wie oft willst du das noch wiederholen?

YVAN: Ja, dann antwortet doch, ich versaue euch den Abend?!! …

MARC: Du kommst mit dreiviertelstündiger Verspätung, du entschuldigst dich nicht, du redest uns dumm und dusslig mit dem Ärger, den du zu Hause hast …

SERGE: Und deine schlaffe Gegenwart, deine Gegenwart eines schlaffen, neutralen Zuschauers führt Marc und mich zu den schlimmsten Exzessen.

YVAN: Du also auch! Du haust in dieselbe Kerbe?!

SERGE: Ja, weil ich in diesem Punkt völlig einer Meinung mit ihm bin. Du schaffst die Bedingungen für den Konflikt.

MARC: Diese abgeschmackte, subalterne Stimme der Vernunft, der du seit deiner Ankunft Gehör zu verschaffen suchst, ist unerträglich.

YVAN: Ihr wisst, dass ich weinen kann … Ich kann hier auf der Stelle anfangen zu weinen … Ich bin übrigens nicht weit davon entfernt …

MARC: Weine.

SERGE: Weine.

YVAN: Weine! Ihr sagt zu mir, weine!! …

MARC: Du hast allen Grund zu weinen, du wirst ein Rabenaas heiraten, du verlierst Freunde, von denen du geglaubt hast, sie seien ewig …

YVAN: Ach so ist das, dann ist also alles aus!

MARC: Du hast doch selbst gesagt, wozu treffen wir uns, wenn wir uns hassen?

YVAN: Und meine Hochzeit?! Ihr seid die Trauzeugen, erinnert ihr euch?!

SERGE: Du kannst noch wechseln.

YVAN: Kann ich nicht! Ihr steht schon im Aufgebot!

MARC: Du kannst noch im letzten Augenblick andere wählen.

YVAN: Das darf man nicht!

SERGE: Aber doch! …

YVAN: Nein! …

MARC: Mach dir nicht ins Hemd, wir kommen.

SERGE: Du solltest diese Heirat rückgängig machen.

MARC: Das stimmt.

YVAN: Ach du Scheiße! Was habe ich euch denn getan, verdammte Scheiße!! …

Er bricht in Tränen aus.

Pause.

YVAN: Was ihr tut, ist niederträchtig! Ihr hättet euch auch nach dem zwölften verkrachen können, aber nein, ihr wisst es einzurichten, mir den Spaß an meiner Heirat zu verderben, eine Heirat, die sowieso schon eine Katastrophe ist, wegen der ich vier Kilo abgenommen habe, und die ihr jetzt vollends zunichtemacht! Die beiden einzigen Personen, die mir mit ihrer Anwesenheit eine Winzigkeit Genugtuung verschafften, bringen es fertig, sich gegenseitig umzubringen, ich bin wirklich der Gelackmeierte … *(zu Marc)* Glaubst du, ich bin wild auf Plastikhüllen mit Perforierung oder auf Kleberollen, glaubst du etwa, ein normaler Mensch bekäme eines Tages Lust darauf, Aircraftluftpolstertaschen zu verkaufen?! … Was soll ich machen? Bis vierzig habe ich nur Blödsinn gemacht, ja, natürlich habe ich dich amüsiert, ich habe viele meiner Freunde mit meinem Quatsch amüsiert, doch wer sitzt abends wie eine Ratte allein in seinem Loch? Wer zieht sich abends allein in sein Schneckenhaus zurück? Der Clown, zum Verrecken allein, und er schaltet alles ein, was spricht, und wen findet er auf dem automatischen Anrufbeantworter? Seine Mutter. Seine Mutter und noch mal seine Mutter.

Kurzes Schweigen.

MARC: Versetz dich nicht in einen solchen Zustand.

YVAN: Versetz dich nicht in einen solchen Zustand! Wer hat mich denn in diesen Zustand gebracht? Ich habe nicht eure seelischen Verletzungen, wer bin ich schon? Jemand, der nicht zählt, der keine Meinung hat, ein Luftikus bin ich, ich bin immer ein Luftikus gewesen!

MARC: Beruhige dich …

YVAN: Sag nicht beruhige dich zu mir! Ich habe keinen Grund, mich zu beruhigen, wenn du mich vollends verrückt machen willst, sag beruhige dich zu mir! Beruhige dich ist das Schlimmste, was man zu jemandem sagen kann, der seine Ruhe verloren hat! Ich bin nicht wie ihr, ich will keine Autorität haben, ich will keine Referenz sein, ich will nicht durch mich selbst existieren, ich will euer Freund Yvan der Irrwisch sein! Yvan der Irrwisch.

Schweigen.

SERGE: Wenn du's vielleicht nicht ganz so pathetisch machen könntest ...

YVAN: Ich bin fertig.

Hast du nicht was zum Knabbern? Egal was, nur, um nicht ohnmächtig zu werden.

SERGE: Ich hab Oliven.

YVAN: Gib her.

Serge gibt ihm einen kleinen Topf mit Oliven, der in seiner Reichweite ist.

SERGE: *(zu Marc)* Willst du welche?

Marc nickt.

Yvan hält ihm den Topf hin.

Sie essen Oliven.

YVAN: ... Hast du keinen Teller für die ...

SERGE: Doch.

Er nimmt einen Unterteller und stellt ihn auf den Tisch.

Pause.

YVAN: *(während er die Oliven isst)* ... Dass man sich zu solchen Tätlichkeiten hinreißen lässt ... Eine Katastrophe wegen einer weißen Holzspanplatte.

SERGE: Sie ist nicht weiß.

YVAN: Einer weißen Scheiße! ... *(bricht in lautes Gelächter*

aus) … Denn es ist eine weiße Scheiße! … Gib's doch zu,
   Junge! … Völlig verrückt, was du da gekauft hast! …

Marc lässt sich von Yvans Maßlosigkeit anstecken und lacht. Serge
geht aus dem Zimmer. Er kommt gleich darauf mit dem Antrios
zurück und stellt ihn wieder genau an dieselbe Stelle wie vorhin.

SERGE: *(zu Yvan)* Hast du deine berühmten Filzstifte bei
   dir? …

YVAN: Was willst du damit? … Du wirst doch nicht auf das
   Bild zeichnen wollen? …

SERGE: Hast du oder hast du nicht?

YVAN: Warte … *(Er kramt in seinen Jackentaschen herum.)* …
   Ja … Einen blauen …

SERGE: Gib her!

Yvan hält Serge den Filzstift hin.

Serge nimmt den Filzstift, zieht die Kappe ab, beobachtet einen
Augenblick lang die Spitze, setzt die Kappe wieder drauf.

Er schaut zu Marc hinüber und wirft ihm den Filzstift hin.

Marc fängt ihn auf.

Kurze Pause.

SERGE: *(zu Marc)* Mach schon!

Schweigen.

SERGE: Mach schon!

Marc tritt an das Bild heran. Er schaut Serge an …

Dann zieht er die Kappe vom Filzstift ab.

YVAN: Das wirst du doch nicht tun?! …

Marc schaut Serge an.

SERGE: Los!

YVAN: Ihr seid beide reif fürs Irrenhaus!

Marc bückt sich, um in Höhe des Bildes zu sein. Unter Yvans entsetztem Blick folgt er mit dem Filzstift einem der Querstreifen. – Serge ist gleichmütig. – Dann zeichnet Marc eifrig einen kleinen Skifahrer mit Mütze auf diesen Hang. Als er fertig ist, richtet er sich auf und betrachtet sein Werk. – Serge ist nicht zu erschüttern. – Yvan ist wie versteinert.

Schweigen.

SERGE: Gut. Ich habe Hunger.

Gehen wir essen?

Marc deutet ein Lächeln an. Er setzt die Kappe wieder auf den Filzstift und wirft ihn mit einer spielerischen Gebärde Yvan zu, der ihn im Flug erhascht.

* * *

Bei Serge.

Der Antrios hängt im Hintergrund an der Wand. Vor dem Bild steht Marc mit einem Wasserzuber, in das Serge ein kleines Stück Stoff taucht. Marc hat die Hemdsärmel hochgekrempelt, während Serge eine kleine, zu kurze Malerschürze umgebunden hat.

Neben ihnen sieht man verschiedene Putzmittel, Flaschen und Fläschchen mit Spiritus, scharlachrotem Wasser, Lappen und Schwämme. Ganz vorsichtig wischt Serge ein letztes Mal über das Bild und beendet damit seine Reinigung.

Der Antrios hat sein ursprüngliches Weiß wiedergefunden.

Marc stellt den Zuber ab und betrachtet das Bild. Serge dreht sich nach Yvan um, der weiter zurück sitzt. Yvan ist einverstanden.

Serge tritt zurück und betrachtet das Werk nun ebenfalls.

Schweigen.

YVAN: *(Wie allein. Er spricht mit leicht gedämpfter Stimme zu uns.)* ... Am Tag nach der Hochzeit hat Catherine ihren Brautstrauß und ein kleines Säckchen mit Dragées auf dem Grab ihrer verstorbenen Mutter auf dem Friedhof Montparnasse niedergelegt. Ich habe mich aus dem Staub gemacht, um hinter einer Kapelle zu weinen, und am Abend, als ich wieder an diese erschütternde Szene denken musste, habe ich in meinem Bett noch einmal still vor mich hingeschluchzt. Ich muss Finkelzohn unbedingt von meinem Hang zum Weinen erzählen, ich weine ständig, für jemanden meines Alters ist das nicht normal. Angefangen oder zumindest klar kundgetan hat sich das am Abend mit dem weißen Bild bei Serge.

Nachdem Serge in einem Wahnsinnsakt Marc bewiesen hat, dass ihm mehr an ihm als an seinem Bild liegt, sind wir zu Emile essen gegangen. Bei Emile haben Serge und Marc beschlossen, eine durch die Ereignisse und die Worte zerstörte Beziehung wiederaufzubauen. In einem bestimmten Augenblick hat einer von uns den Ausdruck *Versuchsperiode* gebraucht, und ich bin in Tränen ausgebrochen.

Der Ausdruck *Versuchsperiode*, auf unsere Freundschaft bezogen, hat in mir ein unkontrolliertes und absurdes Erdbeben hervorgerufen.

In Wirklichkeit kann ich keinen rationalen Diskurs ertragen, nichts, was die Welt ausgemacht hat, nichts, was schön und groß in dieser Welt gewesen ist, ist je aus einem rationalen Diskurs heraus entstanden.

Pause.

Serge wischt sich die Hände ab.

Er leert die Schüssel aus und fängt dann an, alle Gegenstände wegzuräumen, sodass keine Spur von der Reinigung zurückbleibt.

Er betrachtet noch einmal sein Bild.

Dann dreht er sich um und kommt auf uns zu.

SERGE: Als es Marc und mir gelungen ist, mit Hilfe einer Schweizer Seife aus Rindergalle, die uns Paula verordnet hat, den Skifahrer auszuwischen, habe ich den Antrios betrachtet und mich zu Marc umgedreht:

»Wusstest du, dass Filzstifte abwaschbar sind?«

»Nein«, antwortete er ... »Nein ... Und du?«

»Ich auch nicht«, habe ich ganz schnell gelogen. Zuerst habe ich beinahe gesagt, ja, ich wusste es. Doch konnte ich unsere Versuchsperiode mit einem so enttäuschenden Geständnis beginnen? … Andererseits, mit einem Betrug anfangen? … Betrug! Übertreiben wir nicht. Woher habe ich diese stupide Tugend? Warum müssen die Beziehungen zu Marc so kompliziert sein? …

Das Licht isoliert den Antrios ein wenig.

Marc tritt an das Bild heran.

MARC: Unter den weißen Wolken fällt der Schnee.

Man sieht weder die weißen Wolken noch den Schnee.

Weder die Kälte noch den weißen Glanz des Bodens.

Ein einzelner Mann gleitet auf Skiern dahin.

Der Schnee fällt.

Fällt, bis der Mann verschwindet und seine Undurchsichtigkeit wiederfindet.

Mein Freund Serge, der seit langem mein Freund ist, hat ein Bild gekauft.

Es ist ein Gemälde von etwa ein Meter sechzig auf ein Meter zwanzig. Es stellt einen Mann dar, der einen Raum durchquert und dann verschwindet.

Yasmina Reza ist Schriftstellerin, Regisseurin und Schauspielerin und die meistgespielte zeitgenössische Theaterautorin. Bei Hanser erschienen zuletzt *Frühmorgens, abends oder nachts* (2008), *Nirgendwo* (2012), *Glücklich die Glücklichen* (Roman, 2014), *Babylon* (Roman, 2017) und *Der Gott des Gemetzels* (Schauspiel, 2018). *Der Gott des Gemetzels* wurde 2011 von Roman Polanski verfilmt.

Eugen Helmlé (1927–2000) übersetzte u.a. Georges Perec, Raymond Queneau und René de Obaldia. In Würdigung seines übersetzerischen Werks wird seit 2005 jährlich der Eugen-Helmlé-Übersetzerpreis verliehen.